# Un pintor de Corte

## Nivel 3

**Sergio Remedios Sánchez**
**Ignacio Segurado López**

GRUPO DIDASCALIA, S.A.
Plaza Ciudad de Salta, 3 - 28043 MADRID - (ESPAÑA)
TEL.: (34) 914.165.511 - (34) 915.106.710
FAX: (34) 914.165.411
e-mail: edelsa@edelsa.es - www.edelsa.es

# Un pintor de Corte

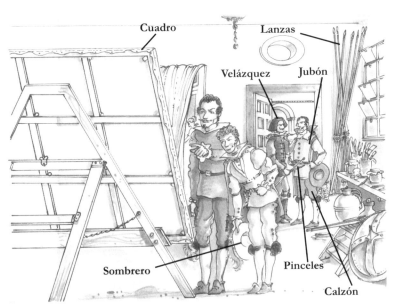

*Jusepe y Daniel en el estudio de Velázquez*

# CRONOLOGÍA HISTÓRICA

**Siglo de Oro español.**

S. XVI-XVII

Período de apogeo de la cultura española. Destacan en novela: Cervantes (*don Quijote*); en poesía: Góngora y Quevedo; en teatro: Lope de Vega, Tirso de Molina y Calderón de la Barca; en pintura: Velázquez (*Las Meninas, La rendición de Breda*), y "el Greco" (*El entierro del conde Orgaz*); en arquitectura: el monasterio de El Escorial.

**Nace Diego Rodríguez de Silva y Velázquez (Sevilla, 1599-Madrid, 1660).**

1599

Pintor realista nombrado pintor del rey, pintor de cámara e Hidalgo y Caballero de la Orden de Santiago.

**Nace Felipe IV (Valladolid, 1605-Madrid, 1665).**

1605

Empezó a reinar con 16 años. Debido a intereses monárquicos se concertó su primer matrimonio con Isabel de Borbón en 1615. En 1648 se casó con Mariana de Austria. Tuvo doce hijos, pero solo tres sobrevivieron.

**Gran crisis económica y bancarrota de la Real Hacienda.**

1627

La crisis económica europea tuvo consecuencias en España. La política de Olivares, que pretendía mantener la hegemonía española, provocó una fuerte subida de impuestos.

vd. está aquí.

**Caída del conde-duque de Olivares.**

1640-1660

La financiación de las campañas europeas causó la sublevación de la Corona de Aragón, el Principado de Cataluña y Portugal. Los motines produjeron la caída del Conde-Duque. En la Paz de los Pirineos (1659) España cedía a Francia el Rosellón, parte de Cerdaña y los Países Bajos.

**Fin del reinado de Felipe IV.**

1660

La Monarquía está en una profunda crisis. La autoridad real es cuestionada. Se produce la derrota de España ante Portugal. El reinado de Felipe el Grande termina con la pérdida de la hegemonía española en Europa.

# Un pintor de Corte

El reinado de Felipe IV[1] es el período de mayor esplendor de las artes en la historia de España, por eso se le llama también Siglo de Oro[2]. En esta época florecen especialmente la pintura y la literatura. Pero también es una época en la que la vida en la Corte conlleva ciertos peligros, ya que mucha gente desea ascender lo más cerca posible del rey.

Por aquel entonces, Madrid era una ciudad en crecimiento constante y con tanto ambiente en sus calles y plazas, que las visitas de personas de otras partes del Imperio eran constantes. Muchos de estos forasteros eran artistas que buscaban **ganarse el favor de** algún noble o quizá, con suerte, el del propio Rey. Uno de estos artistas fue el pintor Jusepe Martínez[3] quien, acompañado de su aprendiz Daniel, vino a Madrid con la intención de hacerse un nombre fuera de su tierra, Aragón, e intentar conseguir un sitio en la

**Ganarse el favor de alguien:** conseguir ayuda de una persona.

1 -Felipe IV (1605-1665) fue hijo de Felipe III y Margarita de Austria. Tuvo dos esposas (Isabel de Borbón y Mariana de Austria) y fue un gran impulsor de las artes y las fiestas en la corte.

2 -El Siglo de Oro de España abarca los siglos XVI y XVII. Es la etapa más gloriosa de las artes y las letras españolas.

3 -Jusepe Martínez nació en Zaragoza (1600). Su padre, también pintor, influyó en su formación técnica. Se formó tanto en Zaragoza como en Italia.

Corte. Jusepe tenía un protector, Francisco Pacheco[4], gran amigo de Velázquez, el pintor más importante y famoso del momento, tanto en la Corte como fuera de ella.

La mañana que Jusepe y Daniel llegaron a Madrid, acompañaron a Pacheco al estudio donde tenía una reunión privada con Velázquez. El tiempo que estuvieron allí, Jusepe y Daniel aprovecharon para observar la última obra que estaba terminando el gran pintor.

"Las figuras de los dos protagonistas principales parecen querer escaparse del cuadro. Los colores son tan vivos y la pincelada es tan fina... ¡yo nunca llegaré a pintar como él!", pensó resignado Jusepe.

-¿En qué piensa, maestro? -le preguntó Daniel.

-En nada, en nada. ¿Habías visto alguna vez una escena histórica recreada con tanta realidad y belleza?

-No, señor.

-Yo tampoco. Ni siquiera en Venecia, Florencia o Roma vi jamás pintar lienzos con un estilo tan sereno.

En ese momento aparecieron en el estudio Diego

---

4 -El pintor Francisco Pacheco fue uno de los maestros sevillanos más famosos de su época. En su taller, Velázquez aprendió las primeras lecciones y dio sus primeras pinceladas.

**Calzón**: prenda de vestir que cubre el cuerpo desde la cintura hasta los muslos.
**Jubón**: especie de camisa que cubre desde los hombros hasta la cintura ajustada al cuerpo.
**Ala**: parte inferior del sombrero.

Velázquez y Francisco Pacheco. Ambos vestían un **calzón** hasta la rodilla, **jubón** negro y sombrero de **ala** ancha. Sus rostros estaban tranquilos, y al mismo tiempo que conversaban amenamente, cruzaban la estancia.

-Todavía no está terminado, le faltan los últimos retoques y la firma -se disculpó Velázquez. -El Rey lo quiere para la conmemoración del décimo aniversario de la rendición de la ciudad. He gastado muchas energías en pintarlo.

-El resultado, sin lugar a dudas, es magnífico[5] -acertó a decir Jusepe.

-Ciertamente así es -confirmó Pacheco.

-¿Te he dicho alguna vez, don Diego, que me siento orgulloso de haber sido tu maestro?

-Yo soy quien le debe casi todo lo que soy. Y ahora, si no les importa, caballeros, debo continuar pintando, son casi las siete y pronto empezará a anochecer.

-Será mejor marcharse, no está bien visto entorpecer la inspiración de un pintor real -dijo burlón Pacheco.

---

5 -Se refieren al cuadro *La rendición de Breda*, también conocido como *Las Lanzas*. (1635), diez años después de la rendición de la ciudad, en manos holandesas, ante las tropas españolas.

Jusepe y su acompañante se quitaron el sombrero y con una reverencia se despidieron de Velázquez, quien se había sentado ya en el taburete y se disponía a limpiar sus pinceles.

-Seguidme -dijo amablemente Pacheco. -El palacio del Buen Retiro aún no está terminado. Como podéis observar, los cuadros y las esculturas, que son parte de la decoración, siguen todavía sin tener un sitio definitivo.

Los tres hombres recorrieron las estancias del nuevo edificio sin perder detalle. El Buen Retiro había sido ordenado construir por el rey Felipe IV tan solo unos años antes, en unos terrenos situados en el lado opuesto al que se encontraba el Alcázar[6]. Era una construcción de gran calidad, que reflejaba, sin duda, el interés del monarca por todo lo relacionado con el mundo de las artes; aunque, según se comentaba en ciertos mentideros[7], las prisas y los materiales utilizados no eran los más indicados para una obra de tal **envergadura**[8].

**Envergadura**: importancia.

-El rey Felipe siente devoción por la pintura, como ya os habéis dado cuenta, don Jusepe -dijo Pacheco rompiendo el silencio.

6 -El actual Palacio Real.

7 -Mentideros: lugares discretos en donde se comentaban clandestinamente los sucesos y anécdotas que tenían que ver con los aspectos más relevantes de la ciudad.

8 -El palacio del Buen Retiro no existe como tal en la actualidad; fue destruido durante la guerra de Independencia española. Solo se conserva la parte norte, los jardines y el Casón del Buen Retiro, antiguamente conocido como el Salón de Baile.

**Habladuría**: rumor sin fundamento.
**Mecenas**: persona que protege y favorece las letras o las artes.

-Sí, no estaba equivocado, ni tampoco lo estaban las **habladurías**, este Rey es un auténtico **mecenas** -respondió Jusepe.

-Sin duda, y aún no habéis visto todo; pero para ser el primer día, ha sido suficiente, ¿no lo cree usted? -dijo Pacheco. -Imagino que quieren descansar. Les acompaño hasta la puerta.

-Antes de despedirnos, ¿algún consejo para buscar **hospedaje**?

**Hospedaje**: alojamiento y asistencia que se da a alguien.
**Villa**: ciudad pequeña o población con algunos privilegios.

-La **villa** está llena de casas que ofrecen alojamiento a los viajeros que visitan la capital. Pero, un consejo, evitad las callejuelas mal iluminadas que rodean la plaza Mayor; no os convienen.

-¿Y por qué razón no nos convienen? Venimos de provincia, pero hemos visto mucho mundo -dijo Daniel algo molesto.

-¡Ja, ja, ja! -rio Pacheco. -Mi recomendación no quería insinuar nada. Mi intención era solo advertir, es mejor no tentar a la suerte cuando vives en Madrid.

**Cauto**: prudente.

-Seremos **cautos**, muchas gracias, don Francisco -dijo Jusepe. -Ahora volveremos dando un paseo, la tarde es agradable y el sol aún no se ha puesto del todo.

En efecto, el sol todavía brillaba con fuerza en el cielo de aquel caluroso día de verano; un verano, el de 1635, en que por primera vez Jusepe Martínez pisaba el suelo de la Villa y Corte de Madrid[9].

La capital del reino más poderoso del mundo era, por aquel entonces, una pequeña ciudad no muy agradable para vivir; al contrario: era fea e incómoda. Las calles, estrechas y mal iluminadas, eran un territorio poco recomendable para los vecinos decentes y honestos. Las casas eran en su mayoría bajas y construidas con materiales pobres. Los pocos edificios grandes que había eran oscuros y nada apropiados para la vida cotidiana.

A pesar de todos los inconvenientes, la ciudad no dejaba de atraer nuevos habitantes. Se dice que durante el reinado de Felipe IV, Madrid superó ampliamente los 100.000 habitantes. Este crecimiento era consecuencia directa de la presencia de la Corte, que atraía a todo tipo de forasteros y personajes de diferentes clases sociales: desde cortesanos y gentes de la Iglesia, hasta campesinos y comerciantes ilusionados con un futuro próspero para ellos y sus familias. Era habitual, también, encontrarse con antiguos soldados que combatieron en las guerras que el Imperio mantenía tanto en Europa como en América, y que **vagaban** por las esquinas y las tabernas sin rumbo fijo.

**Vagar**: andar sin rumbo o destino fijo.

9 -Durante el reinado de Felipe II la crisis económica afectó a muchas ciudades españolas, pues debían financiar la política real. Por eso algunas ciudades, como Madrid, no recibieron la atención del Rey y las obras promovidas fueron escasas. Sin embargo, Felipe II le hizo a la Villa y Corte el mejor regalo: nombrarla capital del Imperio y trasladar la Corte a Madrid.

**Maloliente**:
que huele
mal.
**Favorecer**:
ayudar, hacer
un favor.
**Recelo**:
desconfianza,
sospecha.
**Duelo**:
combate o
pelea entre
dos.
**Estar a la
orden del
día**:
ser
habitual,
común,
frecuente.
**Ajusticiar**:
dar muerte a
una persona.
**Entrañable**:
afectuoso,
íntimo.

**Culto**:
que tiene
cultura.

Este ambiente aparte de sucio y **maloliente**, **favorecía** los **recelos**, las intrigas y los **duelos** a espada. Los crímenes **estaban a la orden del día**, y raro era el mes en que no se **ajusticiaba** a nadie públicamente por asesinato u otro delito.

A esta ciudad, pues, llegó Jusepe con el sueño de ser pintor de Corte del gran Felipe IV. Jusepe recordaba cómo su padre, desde muy pequeño, le había introducido en el arte de la pintura. Con poco más de 20 años, había viajado a Italia para ampliar y perfeccionar sus estudios. Se educó en el dibujo y el grabado de los mejores maestros romanos, venecianos y florentinos, a la vez que conoció una cultura fascinante y una vida llena de delicias. Recuerda, especialmente, el tiempo que pasó en Nápoles visitando al gran pintor José de Ribera. Nápoles le pareció una ciudad caótica pero **entrañable**. Le encantaba perderse y pasear por sus calles y charlar con sus gentes. Incluso llegó a pensar en quedarse a vivir para siempre allí, pero una repentina nostalgia de su familia y su tierra le hicieron regresar antes de cumplir 27 años. Al poco tiempo, conoció a Francisca Jenequi, con la que se casó.

En pocos años, sus obras empezaron a adquirir prestigio. Su estilo era innovador y atrevido. Pronto, además de un afamado pintor, Jusepe se convirtió en uno de los personajes más **cultos** de su ciudad, y empezó a tomar parte en los círculos de los sabios más influyentes.

Pero Jusepe sentía que el mundo que le rodeaba se le quedaba pequeño. Quería salir, relacionarse con los grandes maestros, aprender nuevas técnicas, tratar de ser un hombre de su tiempo.

Felipe IV subió al trono de España en 1621, con solo 16 años de edad[10], tras la repentina muerte de su padre, Felipe III. Pronto manifestó el nuevo monarca su sensibilidad hacia todo lo relacionado con la cultura, promoviendo la creación literaria, artística y teatral. En poco tiempo, la leyenda de un Rey culto, inteligente y apasionado de la pintura y del buen vivir se extendió por todas las provincias y territorios del Imperio.

Jusepe comprendió entonces adónde estaba su futuro. No podía perder un minuto. Su corazón le decía que si quería alcanzar la fama, debía abandonar su tierra y a su familia, y probar suerte en la Corte de aquel Rey tan dispuesto a proteger a artistas.

Daniel era el joven aprendiz que acompañaba a Jusepe en esta aventura, un alumno **aventajado**, con muchas ganas de aprender y un espíritu alegre e inteligente que despertaba en Jusepe muchas esperanzas.

**Aventajado**: adelantado, mejor que los otros.

-¿Y dónde probaremos suerte, maestro? -preguntó Daniel. -Acuérdese de la recomendación de don Francisco Pacheco. Madrid es peligrosa, y más para unos **ingenuos** como nosotros.

**Ingenuo**: sencillo, sincero.

10 -Felipe IV compartió los asuntos de estado con los validos (ayudantes del rey con rango de primeros ministros). Uno de los más conocidos, el conde-duque de Olivares, intentó salvar la hegemonía española en el mundo.

**Inofensivo:** que no puede causar daño.

**Pillo:** astuto, inteligente para engañar.

**Curtido:** con experiencia.

-Somos ingenuos e **inofensivos**, es verdad, pero eso no tiene por qué saberlo nadie más -contestó Jusepe. -Así que tú pon cara de **pillo** y yo pondré cara de soldado **curtido** en mil batallas. Así nos respetarán.

-Lo intentaré, maestro, aunque no sé si voy a poder parecer lo que no soy, ja, ja -rio Daniel.

-Tu risa es contagiosa, no lo olvides nunca, a lo mejor alguna vez te sirve para salvar la vida.

**Ajetreo:** con mucho movimiento.

Jusepe y Daniel atravesaban el Prado de San Jerónimo en dirección a la calle de Alcalá. Ambos miraban a izquierda y a derecha, sorprendidos, sobre todo Daniel, por el **ajetreo** y el ritmo de una ciudad que parecía no querer irse a dormir. El sol aún calentaba con fuerza, y un viento seco arrastraba las nubes rojas por el cielo hasta perderse detrás del horizonte.

-Mañana he quedado con Pacheco otra vez -dijo Jusepe. -Ha prometido presentarme a Alonso Cano[11].

-¿Alonso Cano, el pintor?

-Sí, está en Madrid temporalmente. Es el invitado de Pacheco y, como Velázquez, también su discípulo.

-Este Pacheco... ¿usted piensa que nos ayudará?

11 -Alonso Cano (1601-1667) fue el artista más completo del Siglo de Oro español: pintor, dibujante, diseñador, arquitecto, escultor... Se relacionó con Pacheco, Velázquez o Zurbarán. En 1638 fue nombrado pintor y ayuda de cámara del conde-duque de Olivares. Diseñó la fachada de la catedral de Granada.

-No lo sé todavía, pero algo me dice que nos traerá algo bueno.

Ambos, maestro y aprendiz, **afrontaron** el último **tramo** antes de llegar a la Puerta del Sol. La ciudad poco a poco se vaciaba, y era necesario buscar un lugar donde pasar la noche.

**Afrontar:** hacer cara a un peligro, problema o situación comprometida.

**Tramo:** distancia.

Según se acercaban al corazón de la ciudad, el olor a basura y excrementos se hacía cada vez más fuerte e insoportable.

-Lo mejor será subir por aquí -indicó con su mano Jusepe. -Allá, al final de esta calle, se ven muchas casas y luces.

-Allí hay una puerta abierta, vayamos a ver -señaló Daniel.

Al llegar a la puerta dudaron un momento, pero el aroma a **guiso** y el eco de unas voces lejanas les empujaron al interior. Nada más entrar les sorprendió el aspecto pobre y descuidado del lugar. Las paredes estaban amarillentas y tenían enormes huecos que dejaban ver el interior de ladrillo; el suelo estaba cubierto de **pajas** y **barro**, y parecía que no lo habían limpiado nunca. Cerca de la puerta había tres mesas con sillas de madera. Las mesas estaban cubiertas con manteles

**Guiso:** comida.

**Paja:** hierba seca.

**Barro:** mezcla de tierra y agua.

**Mancha:** suciedad.

llenos de **manchas**. En un rincón había un perro flaco que miraba a los nuevos visitantes con ojos cansados y hambrientos.

-¡Está abierto! -gritó una voz desde el fondo.

-No queremos molestar -respondió Jusepe. -Solo queremos encontrar alojamiento. ¿Sabe usted dónde podemos dormir a buen precio?

-Siéntense, ahora mismo salgo.

**Caminata:** paseo o recorrido largo y cansado.

Jusepe y Daniel aceptaron de buen humor la orden. Había sido un día largo, y esta última **caminata** había acabado definitivamente con sus fuerzas.

-Me llamo Roque Rodríguez, soy el dueño de este bodegón[12].

-Mucho gusto -dijo Jusepe quitándose el sombrero. -Yo soy Jusepe, y mi acompañante se llama Daniel.

-¿Forasteros?

-En efecto, venimos de tierras aragonesas.

-¿Se quedarán mucho tiempo en la capital?

---

12 -En el Madrid de la época, los restaurantes populares se llamaban bodegones para diferenciarse de los elegantes llamados figones a los que iban las clases nobles.

UN PASEO POR LA HISTORIA

UN PINTOR DE CORTE

-Lo justo.

-Eso dicen todos, y luego ya nunca vuelven a marcharse...

-Eso es cosa nuestra -dijo Daniel, algo molesto.

-Perdón, perdón, yo solo digo lo que me enseña la experiencia. Nunca se sabe qué caminos nos tiene reservados el Señor.

-Perdone, el chiquillo es muy **osado**, no quiso responderle así -se disculpó Jusepe. -¿Le queda algo para **matar el apetito**?

-Sí, olla podrida[13] -respondió el tabernero. -Hoy ha habido **ejecución** pública, y en días como estos la clientela es menor. Todo el mundo **acude** a la plaza Mayor. Es un espectáculo, la gente lo pasa bien, pero luego queda en el ambiente una sensación rara, como de **culpa**, y pocos deciden salir a cenar entonces.

-¿Quién era el condenado?

-Nadie importante, un simple **maleante**, un ladrón de capas al que le **salió mal la jugada** y mató a un conocido noble de la Corte que andaba **despistado** por la calle[14].

**Osado:** atrevido.
**Matar el apetito:** quitar el hambre.
**Ejecución:** dar muerte a una persona.
**Acudir:** ir, asistir.
**Culpa:** delito, falta, responsabilidad.
**Maleante:** delincuente.
**Salir mal la jugada:** no conseguir lo que uno quiere.
**Despistado:** desorientado, sin concentración.

13 -La olla podrida era como el actual cocido.
14 -Los ladrones eran habituales en esta época. Los capeadores, como se les llamaba, robaban capas en los mesones o por la calle, mediante el procedimiento del tirón.

-¿Y dónde fue ajusticiado?

-En la plaza Mayor. Desde que se inauguró, casi todas las ejecuciones se realizan allí[15].

La conversación continuó un rato. El dueño del bodegón parecía encantado de tener a dos forasteros con quienes charlar hasta la hora de cierre.

-Si quieren pueden dormir aquí, hay una habitación libre y, aunque es muy pequeña, para los dos servirá.

-Muchas gracias, creo que aceptaremos su invitación, ¿verdad Daniel? -dijo Jusepe.

**Camastro**: cama pobre, simple.

-¡Claro que sí! ¡Como el **camastro** sea la mitad de bueno que la comida, dormiremos como reyes! -exclamó ilusionado Daniel.

**Saciar**: satisfacer.
**Ajustar cuentas**: concertar el precio de algo.
**Dar buena cuenta**: acabar o terminar totalmente algo.

-Pues ni una palabra más, cuando terminéis de **saciar** el hambre, subís. Ya mañana **ajustaremos cuentas**. Ahora descansad, y bienvenidos a Madrid.

Jusepe y Daniel tardaron muy poco en **dar buena cuenta** de la carne, el vino y el pan. Después, cansados pero satisfechos por la suerte que habían tenido, subieron las escaleras que conducían al primer piso. La habitación era limpia y confortable. Se desnudaron, pusieron la ropa sobre una silla, y sin más se echaron a dormir.

15 -La plaza Mayor de Madrid se terminó en 1619. Su aspecto era distinto del actual: estaba abierta a seis calles. Servía de escenario para fiestas y conmemoraciones.

Al día siguiente, temprano, salieron de la casa de Roque para la nueva cita con Pacheco. Era domingo, y todo el mundo **llevaba sus mejores galas**. El día era magnífico, y Jusepe y Daniel se retrasaron un poco contemplando la representación de una pequeña obrilla de teatro en un corral de comedias cercano.

**Llevar las mejores galas**: vestir con la mejor ropa. Elegante.

-Por fin, ¡pensé que nunca llegaríais! -exclamó Pacheco.

-Mil perdones, don Francisco, nos entretuvimos por el camino -se disculpó Jusepe.

-¿Algún problema? -preguntó Pacheco.

-Ninguno, todo lo contrario -respondió Jusepe. -Hace tan buen día que **se nos fue el santo al cielo** con la hora.

**Irse el santo al cielo**: olvidarse de algo.

-No os preocupéis -rio Pacheco. -Tenemos todo el día por delante. Venid, montaremos en un coche de caballos, el pintor Alonso Cano se aloja en el otro extremo de la ciudad.

Doblaron la esquina de la plaza de la Cebada y subieron al coche.

-Es propiedad real -aclaró Pacheco, refiriéndose al carro.

-Solo lo utilizo cuando no hay otra opción.

-Nunca había viajado con tanto lujo -dijo Daniel.

-Bueno, no te dará tiempo a disfrutarlo mucho, el viaje es corto -contestó con una sonrisa Pacheco.

En efecto, en poco más de media hora, y a pesar del denso tráfico de personas que impedían avanzar a los caballos, llegaron a la casa de Alonso Cano.

-¿El pintor Alonso Cano? -preguntó cortés Jusepe.

-En efecto -respondió este. -Usted es, si no me equivoco...

-Jusepe Martínez, y este es mi ayudante, Daniel Caballero. Mucho gusto en conocerle.

-Lo mismo digo -respondió Alonso. -Pero entrad, no os quedéis ahí.

**Modesta**: sencilla, sin lujo.

La casa donde se alojaba el pintor era amplia, luminosa y **modesta**. Alonso Cano llevaba unos meses en Madrid intentando negociar un puesto en la Corte del Rey.

-¿Y qué motivos le trajeron aquí, don Jusepe? -preguntó sin demasiada atención Alonso Cano.

-Creo que los mismos que los suyos -respondió Jusepe.

-Debe saber que ganarse un puesto en la Corte no es tarea sencilla -dijo Alonso.

-Lo sé, y no pretendo conseguir nada **de la noche a la mañana** -respondió con seguridad Jusepe. -Además, también vengo a formarme, a conocer lo que hacen aquí los grandes maestros como Velázquez.

**De la noche a la mañana**: rápidamente.

-Velázquez está a otro nivel, además de ser un genio, es el favorito indiscutible del monarca.

-Eso todos lo sabemos -intervino Pacheco, que hasta entonces había guardado silencio.

-¿Os recuerdo lo que sucedió hace seis o siete años?

-Tal vez nuestros nuevos amigos no lo saben -añadió Alonso con cierta **malicia**. -Deberías contárselo.

**Malicia**: con mala intención.

-En 1627, el joven Rey convocó un concurso entre sus cuatro pintores, entre ellos Velázquez -comenzó a relatar Pacheco. -Cada artista tenía que pintar un cuadro sobre la expulsión de los moriscos[16] ordenada por su padre en 1609. Una vez vistas todas las obras, el Rey eligió la de Velázquez, a quien nombró **ujier** de cámara y recompensó con un sueldo de trescientos ducados. Desde entonces, el joven pintor levanta tantas admiraciones como envidias.

**Ujier**: criado del rey que cuida de la puerta para no dejar pasar a ciertas personas.

-Yo no aspiro a tanto -dijo modesto Jusepe. -Conozco mis limitaciones.

-Todo el mundo cree conocer sus limitaciones hasta que llega a Madrid -respondió Alonso. -Entonces empieza a compararse con el resto.

-Mi padre me enseñó a no envidiar nunca -respondió Jusepe.

La conversación subía de tono por momentos. Pacheco y Daniel no sabían cómo cortar la situación.

-Bueno -dijo al fin Pacheco. -Lo mejor será dejar estos temas para más adelante. Ahora toca divertirse. Esta noche el Rey da una fiesta en el Alcázar y ustedes son mis invitados.

-¡Con mucho gusto iremos! -respondió sin pensarlo Daniel.

16 -Antiguos musulmanes convertidos al cristianismo que conservaban su lengua, costumbres y religión. Fueron expulsados por Felipe III para proteger y asegurar la integridad religiosa y política del reino.

-Antes tenemos que ir a **saldar cuentas** con Roque, nuestro casero, ¿recuerdas? -dijo Jusepe.

-Es cierto. Además, tenemos que comprar algún traje de gala para la cena, no hemos traído ninguno.

-No os preocupéis por eso, yo mismo los encargaré -se ofreció de repente Alonso. -Decidme dónde os alojáis y mi sastre os los llevará.

-En una calle cerca de Sol, en un primer piso encima del bodegón de un tal Roque Rodríguez.

-No conozco el lugar, pero la ropa os llegará -aseguró Alonso. -Por cierto, don Jusepe, ¿cuándo podremos admirar alguno de sus cuadros?

-Pues... he traído uno conmigo, está noche lo llevaré para que lo puedan ver.

-Seguro que es toda una obra de arte.

Después de estas palabras de Alonso Cano, que a Daniel le resultaron demasiado amables, se despidieron con amplias reverencias. Pacheco, Jusepe y Daniel montaron de nuevo en el coche.

-¿Adónde deseáis ir ahora? -preguntó Pacheco.

-A mi ayudante y a mí nos gustaría visitar la iglesia de San Andrés -respondió Jusepe. -¿Es posible todavía?

-Claro que sí, además, podréis ver la nueva capilla dedicada a San Isidro, el santo de la ciudad. Merece la pena.

-Pues llévanos allí -dijo sin dudarlo Jusepe.

El coche tirado por caballos emprendió rápidamente la marcha.

-Muchos se paran cuando ven un coche de caballos porque creen que dentro va alguien de la familia real -dijo Pacheco.- La reina o quizá alguno de los **validos**.

-El Conde-Duque...

-En efecto, el conde-duque de Olivares[17] -terminó de decir Pacheco.

-Seguramente esta noche estará en la cena. Aunque nunca se sabe. Es una persona **imprevisible**. Ahora tiene mucho trabajo, ya que en Europa se multiplican los problemas y la hacienda cada vez está más vacía.

-Pero el Conde-Duque tiene fama de hombre muy inteligente y obsesionado con la idea de hacer de España un Imperio intocable.

**Valido**: hombre que, por tener la confianza de un alto personaje, ejerce el poder de este.

**Imprevisible**: que no se puede ver antes de que pase.

17 -Con Felipe IV tiene poder sobre la Corte. En 1623 obtiene el cargo de valido. Persona muy ambiciosa, aseguró su poder político gracias a los aristócratas. En plena crisis institucional, estableció un programa (Gran Memorial) para recuperar el poder del rey y el prestigio de la monarquía. Este programa consistía en concentrar el poder en la figura del valido.

-Es cierto, pero hay quien dice que Olivares se ha **dormido en los laureles**. Todo indica que Richelieu[18] ha sabido mover mejor las piezas en el tablero de la política, y Francia parece que nos toma ventaja.

-Todas estas **intrigas** políticas me aburren -dijo Daniel.

-A nosotros también, pero en un mundo lleno de **confabulaciones**, el que más sabe, mejor protegido contra el enemigo está -indicó Pacheco.

-Por cierto, don Francisco -preguntó Jusepe -¿por qué tuvo Alonso Cano una reacción tan extraña?

-No lo sé -respondió dubitativo Pacheco. -Aspira a algo grande en la Corte y teme que alguien nuevo pueda hacerle sombra.

-En ese caso, espero no cruzarme más en su camino -respondió Jusepe algo asustado.

-No os preocupéis -le tranquilizó Pacheco. -Mientras seáis mis invitados no tenéis nada que temer. Aquí es, hemos llegado: la iglesia de San Andrés -dijo de repente Pacheco. -Llamad a la puerta, si tardan en abriros decid que venís de mi parte.

**Dormirse en los laureles**: no poner atención en una actividad confiando en los éxitos que ya ha logrado.
**Intriga**: acción oculta para conseguir un fin.
**Confabulación**: acuerdo para hacer algo, generalmente ilegal.

18 -Richelieu (1585-1642), fue cardenal, noble y hombre de estado francés. Consolidó la monarquía francesa evitando las luchas entre los distintos sectores que aspiraban al poder.

-Gracias de nuevo.

-Y recordad, esta noche a las diez en la plaza de Oriente. Nos encontraremos allí.

El coche de caballos emprendió rápidamente la marcha. Jusepe y Daniel caminaron hacia la puerta y reprodujeron las palabras de Pacheco. Al otro lado, una persona les abrió sin hacer preguntas. La iglesia de San Andrés, construida en el siglo XII, era uno de los edificios más reconocibles de la ciudad. Jusepe tenía interés en ella, no por su devoción religiosa sino por las obras de arte que guardaba en su interior.

-Mira, Daniel -dijo Jusepe. -Allí está la capilla del santo.

Subieron por unas estrechas escaleras que comunicaban la nave principal con el segundo piso. Una vez allí, cerca de la capilla, ambos pudieron examinar con detalle cada una de las piezas.

-Toda esta decoración me parece excesiva -dijo Daniel. -¿No piensa usted así, maestro?

-En parte sí -respondió Jusepe. -Pero es la moda. A mí tampoco me convencen tantas hojitas y tanta decoración geométrica, demasiada abundancia cansa la vista[19].

19 -La capilla en honor a San Isidro es de estilo barroco. Este estilo se caracteriza por los detalles y por ser muy recargado.

Los dos hombres continuaron visitando el interior del templo durante un rato, pero sin mucho interés.

-Es hora de regresar, empieza a atardecer y no conocemos esta parte de la ciudad. Será mejor volver a casa de Roque, además, hay que hacer cuentas con él lo primero de todo.

Jusepe y Daniel abandonaron la iglesia por una puerta lateral. Mientras estaban dentro no se dieron cuenta, pero fuera había estallado una de esas tormentas típicas de verano. El cielo estaba cubierto de nubes negras y amenazantes, y las calles estaban **embarradas**; en cambio, el ambiente era fresco y saludable.

**Embarrado**: lleno de barro.

-No consigo entender el clima de esta ciudad -comentó Daniel. -Tan pronto hace un calor asfixiante como llueve de forma **torrencial**, ¡no sé cómo hacen las damas para acertar con el vestido correcto en cada ocasión!

**Torrencial**: tempestuoso, con mucha fuerza.

-Mucho me temo, querido Daniel, -le corrigió Jusepe -que muchas de las madrileñas no tienen ese problema, pues apenas les llega para vestir todos los días el mismo traje...

Sin preocuparse demasiado por el camino de vuelta, ambos esperaban con ilusión la cita de la noche. Jusepe

pensaba en hacer buenas amistades en los círculos cercanos al Rey, y Daniel suspiraba por **hacer la corte** a algunas de las damas jóvenes presentes en la fiesta. Sin darse cuenta, la noche se les echó encima.

**Hacer la corte**: seducir.

-Debemos de estar cerca -calculó sin mucha fe Jusepe. -Llevamos andando mucho tiempo.

-Sí, pero... por aquí las calles son un laberinto, a mí todas me parecen iguales.

De repente, mientras Daniel aún pronunciaba estas palabras, dos hombres vestidos de negro aparecieron detrás de Jusepe y le agarraron.

-¡Quietos! -gritó uno de ellos. -¡No os mováis del sitio!

-Rápido, Daniel, ¡huye! -le ordenó Jusepe.

**Resignarse**: someterse a la voluntad de alguien.

En aquel momento otros dos hombres aparecieron frente a Daniel. "Todo está perdido", pensó el muchacho, pero cuando ya **se resignaba** a ser capturado, los hombres pasaron de largo a toda velocidad. Daniel intentó hacerse a un lado, pero tropezó con una piedra y cayó al suelo. Desde allí pudo ver cómo los dos que sujetaban a Jusepe fueron atacados con mucha violencia por los mismos que habían pasado a su lado.

Jusepe, sin saber qué hacer, corrió hacia Daniel, le levantó del suelo, y ambos fueron a refugiarse debajo de un **cobertizo** cercano. Desde allí pudieron observar el duelo en primera línea.

Los hombres de negro **desenvainaron** sus espadas y se pusieron en guardia. Los rostros de los duelistas apenas se distinguían por los enormes sombreros. Las capas volaban y se enredaban al compás de los golpes y las **estocadas**.

Al final, un grito sordo hizo que Jusepe se estremeciera. Uno de sus asaltantes tenía una gran herida en una pierna. Estaba en el suelo, con la pierna llena de sangre. Su compañero, al verle, dejó de luchar, lo agarró por la espalda y lo arrastró como pudo. Un instante después, ambos habían desaparecido con idéntico **sigilo** y rapidez con la que aparecieron por primera vez.

Jusepe y Daniel permanecían paralizados. Cuando todo acabó, los dos caballeros se acercaron hacia ellos y les tendieron la mano en señal de amistad.

-Ya podéis levantaros, el peligro ha pasado -dijo el más alto y fuerte de los dos.

-Pero... cómo... nosotros no...

**Cobertizo:** sitio cubierto para protegerse.

**Desenvainar:** sacar la espada de su funda.

**Estocada:** golpe con la espada.

**Sigilo:** silencio.

-Mejor será que pongáis rumbo a vuestro destino cuanto antes -dijo el que parecía más joven. -A estas horas, este barrio es peligroso. Además, esta noche hay cena de gala en palacio, y casi toda la seguridad está allí.

-No sé por qué nos asaltaron. No sé quiénes fueron ni tampoco sé quiénes sois vosotros... pero gracias -dijo todavía temblando Jusepe.

-Nosotros solo cumplimos órdenes.

-¿Órdenes? ¿De quién?

-No os lo podemos decir, solo os diremos una cosa: habéis tenido suerte.

Y tras estas palabras, los dos hombres inclinaron la cabeza y se dieron la vuelta sin más. Pronto su silueta desapareció de la vista de Jusepe y de Daniel, que rápidamente se pusieron a correr en dirección a casa de Roque.

**Jadeante:** que respira con mucho esfuerzo.

Sudando y **jadeantes**, finalmente llegaron a la taberna. Eran casi las nueve, y en apenas una hora debían estar en la plaza de Oriente.

-¡Dios santo, qué os ha ocurrido! -exclamó Roque al verlos. -Estáis empapados y... ¡qué caras!... ¡parece que habéis visto un fantasma!

-Es largo de explicar, querido amigo, pero hemos sido asaltados por dos hombres cuando veníamos de camino...

-Hablando de dos hombres -recordó en ese momento Roque. -Han venido preguntando por vosotros.

-¿Y qué querían?

-No me dijeron nada. Solo traían un **baúl** que dejaron a la entrada de vuestra habitación.

-¿Y nada más?

-Nada más -repitió Roque. -Siento no poder ser de más ayuda.

-No te preocupes -respondió Jusepe. -Demasiado has hecho ya por nosotros dándonos alojamiento y comida. Tenemos mucha prisa, dinos, ¿cuánto te debemos?

-Son diez ducados, pero visto lo visto, dadme solo cinco.

-El dinero no es problema.

-Quedároslo, seguramente os hará falta.

**Baúl**: mueble con tapa que sirve generalmente para guardar ropas.

-Gracias por todo, Roque -dijeron los dos, y sin perder tiempo, subieron hacia la habitación. Allí estaba el baúl, y dentro, como era previsible, los trajes para la cena.

Todo está en orden -dijo Jusepe. -Alonso Cano es hombre de palabra.

-Sí, pero empiezo a sospechar que su palabra esconde algo más que buenas intenciones -apuntó Daniel.

-Mire el borde del baúl, hay sangre, y es reciente -afirmó el chico pasando la mano con cuidado sobre la madera.

-Tienes razón, creo que nos hemos metido en un lío sin querer -respondió preocupado Jusepe. -Pero no podemos esperar más. Rápido, cámbiate de ropa en seguida o llegaremos tarde a la cita.

Media hora después, Jusepe y Daniel salían en dirección al Alcázar. Allí les estaba esperando ya Pacheco. Cuando llegaron, este les explicó cómo ir caminando hacia palacio; él se retrasaría un poco.

Daniel y Jusepe le esperaron en una de las puertas de entrada. Los invitados a la gala no dejaban de llegar en espléndidos coches de caballos. Por fin, Pacheco apareció. Llevaba un traje de color azul claro, algo diferente al de Jusepe y Daniel, pero igualmente elegante.

-Sí, lo sé, no me digáis nada.

-¿Cómo?

-Es un traje muy atrevido.

-No, no es eso lo que queríamos...

-Era broma, eso también lo sé, amigos -dijo en tono **conciliador** Pacheco. -No es tan grave como vosotros pensáis, eso en Madrid sucede a menudo, ja, ja, ja.

-Pero...

-Nada de *peros* -les cortó Pacheco. -Vosotros comportaros **como si nada**. Tú, Jusepe, intenta hacer buenas amistades, estas fiestas están para eso. Y tú, Daniel, ya has visto la cantidad de damas **en edad de merecer** que han venido, ¿no?

-Sí, aunque...

**Conciliador**: que desea entenderse bien con el otro.

**Como si nada**: sin dar importancia.
**Estar en edad de merecer**: época en que los jóvenes buscan mujer o marido.

-Nada, eso ya lo hablaremos con calma más adelante -insistió Pacheco. -Ahora, a disfrutar.

Pacheco fue presentado a Jusepe a todos los conocidos y personas de influencia que estaban en la fiesta. Hablaban alegremente, mientras se escuchaba la música de fondo. Daniel iba de un sitio para otro, disfrutando de la fiesta y sobre todo del lujo al que no estaba acostumbrado.

También estaba por allí Alonso Cano, quien, a pesar de la sensación que les había causado en su encuentro anterior, se acercó amablemente a hablar con Jusepe y con Pacheco.

-Buenas noches, caballeros -dijo con una amplia sonrisa.

-Buenas noches y muchas gracias por los trajes -dijo cortésmente Jusepe.

-No hay de qué. Todo por ayudar a un compañero necesitado. Por cierto, he estado todo el día deseando contemplar la obra que prometió enseñarnos. Me gustaría ver si lo que dicen de usted es cierto. Además me he enterado de que estuvo con los maestros italianos.

-Gracias nuevamente -volvió a decir Jusepe.

-Me gustaría disculparme por mi actitud tan agresiva de esta mañana, Jusepe -dijo seriamente Alonso Cano.

-No os preocupéis, entiendo perfectamente su situación -respondió Jusepe.

Este fue el inicio de una amena discusión sobre arte en general, ya que Alonso Cano también era escultor y arquitecto. Después empezaron a hablar más seriamente, junto con Pacheco y algún otro pintor que se unió a ellos, sobre las nuevas tendencias de la pintura de la época.

Sin embargo, la conversación se vio interrumpida por el anuncio de la llegada del rey Felipe, quien venía hablando con Velázquez. Al pasar junto a ellos y pararse momentáneamente el Rey para saludar a Pacheco, Velázquez le susurró algo al oído.

-Así que tú eres ese pintor aragonés del que tan bien me han hablado -dijo de repente el Rey.

-Sí, majestad. A su servicio. Son las únicas palabras que logró decir Jusepe con todos los nervios y la emoción que sentía.

**Séquito**: gente que acompaña al rey.

El Rey reanudó su marcha y pronto dejaron de verle ya que todo el **séquito** de sirvientes iba detrás y le tapaban por completo. Jusepe abandonó momentáneamente la compañía de los pintores con los que estaba hablando, para buscar a Daniel y repetirle las palabras del Rey, pero no lo encontró. Jusepe disfrutó de la compañía de Pacheco y de Alonso Cano el resto de la fiesta. Aquella noche fue inolvidable para ambos.

A pesar de las extrañas circunstancias en las que se habían conocido y todo lo que les había ocurrido con los asaltantes y los defensores misteriosos, entre Jusepe y Alonso Cano surgió una sincera amistad. Esa noche, los dos aragoneses la pasaron en su casa.

Durante una temporada permanecieron en Madrid, alojados en casa de Alonso Cano, aprendiendo de los pintores de la Corte, sobre todo de Velázquez, el cual también sentía simpatía hacia Jusepe, pero llegó el momento en el que debían volver a Zaragoza.

-Amigo, te echaremos de menos. Tanto a ti como a tu pintura -dijo Pacheco emocionado.

-Lo mismo digo, querido amigo. Gracias por toda tu ayuda en este viaje -dijo agradecido Jusepe.

-La próxima vez que vuelvas tendré mi puesto en la Corte, ya verás -dijo Alonso Cano, mientras daba un abrazo a Jusepe y un golpe cariñoso en la cabeza a Daniel.

-Adiós a los dos - dijo Daniel, mientras subía el equipaje al carruaje que les llevaba a Zaragoza.

Jusepe y Daniel regresaron junto a sus familias. Trabajaban todo el día en el taller de pintura, para aplicar los conocimientos que habían aprendido en Madrid y mejorar su estilo. Al mismo tiempo, Jusepe escribía todo lo que sabía sobre pintura. En su mente todavía seguía la idea de regresar a Madrid algún día y triunfar en la Corte. Cada cierto tiempo visitaban a sus amigos para no perder el contacto.

Alonso Cano, cumplió su promesa y la primera vez que Jusepe regresó a la capital, su amigo se había ganado la confianza del conde-duque de Olivares y le había dado un par de puestos de bastante prestigio con una buena **paga**.

**Paga**: cantidad de dinero que se da por un servicio.

En 1642, cuando Jusepe casi se había olvidado ya de su antiguo objetivo, ser pintor de Corte del gran mecenas Felipe IV, la oportunidad le vino sola. El Rey viajaba a Zaragoza y Velázquez iba con él. El monarca, después de observar varias obras de Jusepe, quedó maravillado por su arte. Además, las palabras de Velázquez influenciaron bastante a Felipe IV y éste decidió nombrar a Jusepe pintor de cámara del Rey. Un par de años después, Velázquez estudió las obras de Jusepe y las valoró mucho. En una de aquellas visitas, Jusepe descu-

brió que los personajes que les defendieron a él y a Daniel, en aquel callejón madrileño años atrás, los había enviado Pacheco para protegerlos, pero que nunca dijo nada para no ofenderlos.

Jusepe había cumplido por fin su sueño. Pero a pesar de eso, no abandonó Zaragoza. Se centró aún más en sus estudios y en sus papeles y dedicó toda su larga vida a seguir pintando y escribiendo tratados sobre pintura. Daniel llegó a ser un gran pintor que decidió quedarse siempre al lado de su maestro.

# ACTIVIDADES

**Responde a las preguntas al mismo tiempo que lees el relato o después.**

1. ¿Cómo era Madrid en aquella época?

..........................................................................................................

..........................................................................................................

2. ¿Qué hicieron Jusepe y Daniel el día que llegaron a la capital?

..........................................................................................................

3. ¿Qué está pintando Velázquez cuando Jusepe y Daniel visitan su estudio? ¿Qué representa esta obra?

..........................................................................................................

4. ¿Qué aconseja Pacheco a sus amigos? ¿por qué?

..........................................................................................................

5. ¿Quién es Pacheco? ¿Y Alonso Cano?

..........................................................................................................

..........................................................................................................

*páginas 4 a 7*

6. ¿Dónde se alojan Jusepe y Daniel?

..........................................................................................................

7. ¿Cómo es la taberna de Roque? ¿Qué cenan ese día?

..........................................................................................................

8. ¿Por qué tantas personas vienen a visitar la capital de reino?

..........................................................................................................

..........................................................................................................

9. ¿Por qué Jusepe y Daniel quieren visitar la capital?

..........................................................................................................

10. ¿Qué formación tiene Jusepe? ¿Y Daniel?

..........................................................................................................

11. ¿Cómo es Jusepe?

..........................................................................................................

*páginas 8 a 15*

12. ¿Qué función principal tenía la plaza Mayor? ¿Era igual que la actual?

..........................................................................................................

13. ¿Cómo es el primer encuentro entre Alonso Cano, Pacheco, Jusepe y Daniel? ¿Por qué?

..........................................................................................................

..........................................................................................................

14. ¿Cómo es la iglesia de San Andrés? ¿Por qué quieren visitarla Jusepe y Daniel?

..........................................................................................................

..........................................................................................................

*páginas 16 a 34*

15. ¿Qué les pasa a Jusepe y Daniel cuando van a casa de Roque?
..........................................................................................
..........................................................................................
..........................................................................................

16. ¿Qué hacen Jusepe y Daniel en la fiesta?
..........................................................................................
..........................................................................................
..........................................................................................

17. ¿Cómo es el encuentro de Felipe IV con Jusepe?
..........................................................................................
..........................................................................................
..........................................................................................

18. ¿Qué promete Alonso Cano a Jusepe antes de dejar la capital?
..........................................................................................
..........................................................................................
..........................................................................................

19. ¿Cómo son los últimos años de Jusepe y Daniel?
..........................................................................................
..........................................................................................
..........................................................................................

20. ¿Consigue Jusepe su sueño?
..........................................................................................
..........................................................................................
..........................................................................................

21. ¿Qué puedes decir sobre el Siglo de Oro español?
..........................................................................................
..........................................................................................
..........................................................................................
..........................................................................................
..........................................................................................
..........................................................................................
..........................................................................................

22. ¿Qué se dice de Felipe IV a lo largo de la novela?
..........................................................................................
..........................................................................................
..........................................................................................
..........................................................................................
..........................................................................................

UN PASEO POR LA HISTORIA

UN PINTOR DE CORTE

# GLOSARIO

**Escribe la traducción de estas palabras en tu lengua.**

abandonar .................................
aburrir ......................................
acostumbrar ..............................
actitud, la .................................
admirar .....................................
adornar .....................................
adquirir .....................................
advertir .....................................
afamado/a .................................
agarrar ......................................
ajusticiado/a .............................
alcanzar ....................................
alojar ........................................
ameno/a ....................................
amplio/a ....................................
añadir ........................................
aparte ........................................
apasionado/a .............................
apetito, el .................................
aplicar .......................................
aprendiz/a, el/la ........................
apropiado/a ...............................
apuntar ......................................
aroma, el ...................................
arrastrar ....................................
asaltante, el ..............................
ascender ....................................
asegurar ....................................
asesinato, el ..............................
asfixiante ..................................
aspirar ......................................
atraer ........................................
atrevido/a ..................................
avanzar .....................................
aventura, la ...............................
bodegón, el ...............................

burlón .......................................
calcular .....................................
calidad, la .................................
callejón, el ................................
callejuela, la .............................
cámara, la .................................
campesino/a, el/la .....................
caótico/a ...................................
capturado/a ...............................
carruaje, el ...............................
casero/a, el/la ...........................
círculo, el .................................
circunstancia, la ........................
clientela, la ..............................
comentar ...................................
comerciante, el ..........................
compás, el .................................
concurso, el ..............................
condenado/a, el/la .....................
confirmar ..................................
confundido/a .............................
conllevar ...................................
conmemoración, la ....................
contagioso/a ..............................
contemporáneo/a .......................
convencer ..................................
convenir ....................................
convocar ...................................
corral, el ...................................
cortesano/a, el/la .......................
crimen, el ..................................
cubierta, la ...............................
decente .....................................
definido/a ..................................
delicia, la ..................................
delito, el ...................................

denso/a .....................................
detalle, el ...............................
devoción, la ...........................
disponer ..................................
distinguir ................................
doblar .....................................
dubitativo/a ............................
duelista, el .............................
eco, el .....................................
empapado/a .............................
encargo, el ..............................
enredar ...................................
enterarse ................................
entorpecer ..............................
envidiar ..................................
escena, la ...............................
esconder ..................................
estallar ...................................
estremecerse ..........................
examinar .................................
excesivo/a ...............................
excremento, el .......................
extraño/a ................................
extremo, el .............................
falta, la ..................................
fascinante ...............................
fijo/a ......................................
flaco/a ....................................
florecer ..................................
gala, la ...................................
grabado, el .............................
horizonte, el ...........................
hueco, el .................................
impedir ...................................
inclinar ...................................
indiscutible ............................

influencia, la ..........................
innovador ................................
lienzo, el ................................
lograr .....................................
manifestar ...............................
mantel, el ...............................
ofender ...................................
pegajoso/a ...............................
piedad, la ...............................
pincel, el ................................
pincelada, la ...........................
pretender ................................
previsible ...............................
promover ................................
reanudar .................................
recompensar ............................
reconocible .............................
recorrer ..................................
recrear ...................................
referirse .................................
relatar ....................................
reproducir ...............................
resignado/a .............................
retoque, el .............................
retrasar ..................................
reverencia, la .........................
saludable ................................
sereno, el ...............................
silueta, la ...............................
superar ...................................
suspirar ..................................
tabernero/a, el/la ...................
tablero, el ..............................
taburete, el ............................
temblar ...................................
tendencia, la ...........................